DU DÉVELOPPEMENT

A DONNER A QUELQUES PARTIES

PRINCIPALES ET ESSENTIELLES

DE NOTRE INDUSTRIE INTÉRIEURE.

DU DÉVELOPPEMENT

A DONNER A QUELQUES PARTIES

PRINCIPALES ET ESSENTIELLES

DE NOTRE INDUSTRIE INTÉRIEURE

ET DE L'AFFERMISSEMENT DE NOS RAPPORTS COMMERCIAUX AVEC LES PAYS ÉTRANGERS.

Pour faire suite à l'ouvrage de M. le comte CHAPTAL, intitulé : DE L'INDUSTRIE FRANÇOISE.

PAR M. DE M*****,

ANCIEN ÉLÈVE DE L'ÉCOLE POLYTECHNIQUE.

Point de repos tant qu'il reste à faire.
Richesse des Nations, par SCHMITH.

A PARIS,

DE L'IMPRIMERIE DE CRAPELET.

MARS 1819.

DU DÉVELOPPEMENT

A DONNER A QUELQUES PARTIES PRINCIPALES ET ESSEN-
TIELLES DE NOTRE INDUSTRIE INTÉRIEURE, ET DE
L'AFFERMISSEMENT DE NOS RAPPORTS COMMERCIAUX
AVEC LES PAYS ÉTRANGERS.

INTRODUCTION.

Un homme d'état, un savant, qu'il suffit de nommer pour rappeler des idées d'économie politique d'un ordre supérieur, et les plus grands services rendus à la pratique des arts et au commerce national, vient de nous offrir un tableau, aussi brillant que précieux, du fruit de nos travaux artificiels, et un aperçu du résultat où peut arriver cette masse de richesses que l'on qualifie avec raison de positives, puisque l'expérience en a établi la réalité. Augmentée de toutes les découvertes que le hasard ou de laborieuses recherches ont accumulées à notre profit, pendant un quart de siècle, cette masse importante ne fera que recevoir, sans interruption, un accroissement colossal. Voilà ce qu'a prouvé, avec son talent ordinaire, le docte écrivain dont je me suis plu à méditer les pages.

On pourroit donc croire que ce sujet, traité par un tel maître, est entièrement épuisé, et qu'il ne reste plus rien à observer, à comparer, à expliquer, plus rien à dire enfin. Et véritablement, qui oseroit refuser à cet économiste profond et judicieux la gloire d'avoir porté la lumière dans les ramifications les moins connues de notre système commercial et manufacturier ?

Armé du flambeau de la vérité, riche de connoissances acquises dans le cabinet et dans la haute administration, il s'en est servi comme d'un fanal pour nous conduire dans la route de la prospérité publique, en nous indiquant tous les avantages que nous présentent notre position et nos ressources intellectuelles, matérielles et mécaniques, mises dans la balance avec celles des peuples qui exploitent le champ immense et fertile de l'industrie ; champ librement ouvert à l'invention, à la capacité, à la main ouvrière de toutes les nations! Noble et heureuse rivalité qui honore et mène à tous les biens les états qui s'y livrent avec le seul désir de voir doubler .eurs produits sans nuire aux sociétés voisines et lorsqu'elles tendent seulement à un échange continuel de services et de jouissances !

Mais au milieu du vaste espace qu'a parcouru M. le comte Chaptal, il reste quelques parties premières qui, sans avoir échappé à son attention, à sa perspicacité, n'ont point été examinées comme elles sembloient l'exiger, parce que cette investigation des élémens primitifs de la prospérité manufacturière et commerciale, n'entroit peut-être pas dans le plan qu'il s'est tracé. Ce sont ces lacunes que j'ose tenter de remplir aujourd'hui ; et si je me traîne loin du guide dont je suis les pas, je croirai toujours avoir beaucoup fait que de défricher quelques parcelles de terrain qu'il a pu laisser incultes.

C'est ainsi que, dans toutes les sciences, les hommes de génie, après avoir montré le chemin au vulgaire, lui facilitent les moyens de les porter à leur dernier degré de perfection, par l'usage et des efforts constans et éclairés. C'est ainsi que Christophe Colomb, en trouvant un second hémisphère, a excité l'émulation des navigateurs de tous les pays, et que nous voyons chaque année la surface de notre globe s'agrandir en quelque sorte par l'exploration de nouvelles contrées.

La division de cet ouvrage est bien simple. La première partie contiendra mes réflexions sur l'extension et les encouragemens à donner à quelques branches principales et fondamentales de notre industrie intérieure, trop négligées jusqu'à ce moment, et dont le développement est indispensable, si nous voulons parvenir à un haut et solide degré de cette prospérité à laquelle nous aspirons.

C'est à ce point unique que je bornerai mon examen sur la possibilité de nos progrès intérieurs.

Dans la seconde, je m'appliquerai à la démonstration complète de ce principe, que plus un peuple verse au dehors d'objets créés par l'activité de ses bras, mieux il marche vers l'accroissement certain de son opulence ; et partant de cet axiome incontestable, je tâcherai de prouver combien nous sommes en mesure pour faire valoir à notre bénéfice cette adresse et cette promptitude d'exécution qui semblent nous appartenir exclusivement.

Dans la troisième , j'indiquerai plus particulièrement les débouchés par lesquels on doit diriger avec sagesse et sans éveiller l'envie de nos rivaux, l'écoulement de la surabondance des confections sorties de nos fourneaux, de nos ateliers, de nos fabriques ; et je ferai sentir combien les dispositions amicales des princes dont la loyauté vient de renouveler au Congrès le pacte de la grande famille , nous invitent à ne restreindre nos relations sous aucun rapport (1).

Et dans la quatrième , je me ferai un devoir de peindre avec les plus vives couleurs la reconnoissance dont l'âme de tout François est pénétrée pour un Prince qui, par ses hautes

____

(1) Tous les tarifs de douane des puissances sont très-élevés , et nous leur avons donné en quelque sorte l'exemple.

A la marche que prend l'industrie dans chaque pays de l'Europe , il est à craindre que ces tarifs augmentent progressivement loin de diminuer, à moins qu'ils n'aient eu pour motif quelques préventions ou quelques fausses données ; mais enfin , en acquittant ces tarifs, aucune ou à vrai dire , presqu'aucune de nos marchandises n'est prohibée et ne rencontre d'obstacles pour son écoulement.

vertus, ses institutions sublimes, et en harmonie avec le temps, sa prudente fermeté, ses habiles négociations, a assuré à notre patrie l'indépendance prête à lui échapper, une paix durable, un commerce sans bornes et des germes de grandeur et de fortune que l'avenir sera forcé de développer; parce qu'ils sont doués d'une force de vie législative, que ni l'esprit de routine, ni les intérêts privés, ni les jalousies des territoires limitrophes, ni les prétentions à la domination maritime, ni même le froissement et les scissions politiques ne pourront étouffer, puisque ces germes bienfaisans tiennent aux principes essentiels de l'existence du corps social, qui ne fait plus qu'un en Europe, et qui s'est mis sous l'égide d'un nouveau droit public, dont la base est au moins aussi solide que celle des traités les plus fameux qui l'ont régi.

—————

PREMIÈRE DIVISION.

Des moyens d'accroissement de quelques branches principales de notre industrie intérieure.

Si le besoin d'utiliser les bras d'une population que tant de causes multiplient au-delà d'une juste mesure, ne se faisoit pas sentir chaque jour davantage, nous pourrions être satisfaits des progrès de notre industrie intérieure, et ne point demander qu'on la poussât plus loin.

Mais la longue paix dans laquelle tout porte à croire que nous resterons, grâce à la sagesse des gouvernemens, la réduction de nos nombreuses armées qui s'en est suivie, la suppression des ordres monastiques, la découverte de la vaccine, et la privation des moyens de colonisation, ne permettent point de ralentir le mouvement imprimé à l'industrie, comme à l'agriculture, et exigent même qu'on lui donne toute l'accélération possible.

C'est en effet ce qu'a senti M. le comte Chaptal, et c'est dans ce but qu'il a écrit l'ouvrage qui vient de recevoir de toutes parts des éloges si bien mérités.

Mais en traitant un sujet où il y a tant à

dire, en remontant aux sources de nos facultés industrielles en tous genres, en puisant des lumières dans les archives de tous les ministères, dans les correspondances des chambres de commerce, dans des entretiens réitérés avec les chefs des manufactures ; si M. le comte Chaptal a fortement avancé la science de l'économie commerciale, il ne l'a cependant pas embrassée dans ce qui nous concerne particulièrement.

Il est un principe de vie pour les manufactures, qu'il ne faut point négliger, qui s'applique à toutes, sans lequel elles languissent et périssent bientôt, qui est une véritable puissance motrice et créatrice de tous les ateliers : c'est sur ce principe vivifiant que je veux porter, en premier ordre, les regards et les sollicitudes de l'administration.

En vain formerons-nous des pépinières d'ouvriers, en vain donnerons-nous à nos machines toute la perfection possible, en vain amasserons-nous d'immenses provisions de matières premières ; que si ce principe, cet aliment indispensable, manque ou ne se trouve pas en quantité suffisante, nous ne pouvons plus soutenir la concurrence avec les autres pays, et notamment avec l'Angleterre, la Belgique et une partie de l'Allemagne.

(9)

Et ce principe vivifiant, il est temps que je
le nomme, c'est *le combustible*, sans lequel
il n'est plus facultatif d'établir avec succès ni
manufactures ni ateliers.

En réparant cette omission de M. le comte
Chaptal, je ne ferai que consolider son système, puisque nous sommes l'un et l'autre
d'accord sur ce point incontestable, qu'à l'avenir notre prospérité nationale tiendra toute
entière au plus ample développement des travaux de nos mains, et des fruits de notre in-
telligence et de notre activité.

Personne n'oseroit avancer que le feu n'est
point le principal agent des confections de la
presque totalité de nos ouvrages, de telle espèce que ce soit.

Toutes les fabrications des substances mi-
nérales, métalliques et artificielles qui sont
en grand nombre; toutes les teintures, les
préparations chimiques, les distillations ont
besoin de l'obtenir au meilleur marché possible. Le combustible est nécessaire enfin à
tous les travaux des arts, et ceux mêmes où
il ne sert point comme agent principal, ou
comme auxiliaire, ne sauroient s'en passer
pour le chauffage des ouvriers.

Il est donc de la plus haute importance, si
nous voulons que les consommateurs françois

s'approvisionnent chez les fabricans de leur nation , plus volontairement que près de l'étranger , qu'ils y trouvent les marchandises à plus bas prix , ou au moins tout aussi parfaites ; et ils ne pourront réellement jouir de cet avantage, qu'autant que le principe d'animation industrielle sera en plus grande abondance, et que les entrepreneurs de fabrications l'auront à meilleur compte.

Nous ne pouvons nous dissimuler que la masse des bois a diminué de moitié en France depuis un siècle. Les plantations , les semis , sont loin de réparer un déficit qui semble devoir aller toujours en augmentant. Cette tendance à la disparition des forêts est vraiment alarmante pour l'observateur. Toute nation qui a perdu ses bois ne peut plus espérer de figurer parmi les peuples industrieux. C'est à cette perte que plus d'un publiciste attribue l'état de dégradation où sont tombés les habitans de la Grèce et de l'Archipel. Il nous faut donc éviter d'arriver à cette fâcheuse et déshonorante position.

Nous sommes encore riches, cependant, et si nous commençons seulement à sentir les premières atteintes du besoin en ce genre, nous saurons , en nous y prenant assez tôt, arrêter le mal dans ses progrès, et revenir à l'abondance.

C'est en ouvrant les entrailles de la terre, en multipliant les fouilles, en encourageant l'extraction de la houille, que nous épargnerons nos forêts précieuses, et qu'en faisant baisser partout le prix du combustible, nous mettrons nos fourneaux, nos forges, nos manufactures, tous nos ateliers en état de nous livrer au même prix que l'étranger, une multitude d'objets que nous pourrons aussi exporter avec bénéfice.

Chacune de nos provinces soupçonne chez elle l'existence d'une houillère ; il ne s'agit donc que d'engager les propriétaires à faire des découvertes. Mais comme une telle entreprise est toujours dispendieuse, et souvent au-dessus des forces d'un particulier, c'est aux conseils - généraux des départemens, dirigés par le ministère, à seconder, par des avances accordées avec discernement, des tentatives qui finiroient nécessairement par nous donner la jouissance d'un vaste trésor que la nature a déposé au fond de notre sol, et qui nous dédommageroit outre mesure des premiers frais de recherches et d'extraction.

D'ailleurs, quel économiste ignore que beaucoup d'objets ne peuvent sortir de nos manufactures qu'à l'aide du charbon de bois, essentiellement nécessaire aux opérations de leur confection ? C'est donc le cas de ménager à ces ateliers les arbres de nos forêts, et de faire toutes les tentatives possibles pour leur en assurer la modicité du prix, en cherchant dans les houillères l'aliment sans lequel les autres arts qui ont besoin du feu ne sauroient donner une convenable latitude à leurs entreprises et à leurs travaux.

Il en est de même des carrières d'ardoises plus multipliées peut-être que les houillères, et répandues avec plus d'égalité sur la surface de notre territoire. Que l'administration éveille l'attention des habitans des pays où la statistique nous apprend qu'elles gisent, sur le produit fructueux d'une exploitation de cette nature ; qu'elle invite ceux de tous les départemens où l'on a la certitude de l'existence de ces carrières, à s'adonner à leur mise en valeur ; qu'elle leur fasse connoître son intention de les soutenir dans ce travail, et nous verrons bientôt tous les monumens publics, et même les maisons particulières, couverts d'une substance assez solide, pour les mettre à l'abri des intempéries de la saison, et néanmoins assez légère pour économiser encore les bois de construction, en diminuant les masses de charpente. Cette substance s'emploiera sans le secours d'aucun combustible , et ne coûtant rien à nos forêts , nous en laissera la libre disposition pour l'appliquer au mouvement de nos plus importantes manufactures; d'où il résultera une baisse dans les prix des objets de commerce qui en sortent.

Puisque je me suis occupé des houillères et des carrières d'ardoise , je crois , pour ne plus revenir sur ce sujet, devoir faire observer en passant combien nous pourrions augmenter notre opulence en employant plus de capitaux à l'ouverture des profondeurs de la terre.

Je ne parlerai pas de nos forges , elles ont toute l'activité désirable , et peut-être faudroit-il plutôt en restreindre le nombre que l'augmenter ; mais nos mines d'étain , nos mines d'argent qui existent en Alsace , n'est-il pas connu qu'il seroit facile d'en utiliser davantage le produit , en faisant des dépenses qui seroient bientôt couvertes par les bénéfices ? Je sais que quelques personnes ont prétendu qu'elles rendoient à peine les frais d'avances ; mais en a-t-on fait assez, et ne doit-on pas la médiocrité du produit à la modicité des fonds employés à cette branche d'exploitation ?

Mais, au surplus, l'extraction de l'argent fourni par nos mines territoriales, ne don nat-elle que la juste compensation des frais de mise en valeur, il faudroit encore l'agrandir, la doubler, s'il étoit possible.

Il est notoire que depuis les funestes démêlés de l'Espagne avec l'Amérique, les envois d'or et d'argent en Europe diminuent chaque jour, et cependant le besoin du signe représentatif est toujours le même.

Dans l'état d'incertitude où se trouve les succès de l'une ou de l'autre des parties belligérantes, il est probable que la discorde durera encore long-temps, et que les mines du Pérou et du Mexique donneront chaque année moins de matière à la circulation : alors qu'y a-t-il de mieux à faire, si ce n'est de tirer parti de ce que la nature nous a mis sous la main ?

Nous avons d'autres richesses non moins précieuses. Nos montagnes de l'Auvergne, du Vivarais, de la Provence, des Pyrénées, contiennent dans leur sein des matières dont nous nous approvisionnons chez l'étranger ; et ne faudroit-il pas encourager les possesseurs de ces territoires, à fouiller dans les entrailles de la terre pour s'enrichir, et décharger en même temps leur pays d'un tribut payé aux peuples voisins ? Et pour cela, que faut-il ? la volonté.

Mais que fera-t-on pour arriver à ce but ? donnera-t-on de l'argent, des primes ? Cela feroit beaucoup sans doute, mais pas toutencore.

Notre législation sur les mines a peut-être besoin d'être révisée. Elle nuit aux développemens de ce genre d'industrie intérieure ; elle arrête les recherches, les expériences. La certitude où est le propriétaire du terrain doté par la nature, que le gouvernement s'immisçant dans l'exploitatiou deviendra en quelque sorte le maître de la mine dès que la lumière y pénétrera, le dégoûte et l'empêche de se livrer à des observations, à des tentatives, à des perquisitions souterraines.

Je ne prétends point m'ériger ici en législateur ; mais j'ai cru apercevoir une des causes de l'apathie et de l'indifférence avec lesquelles les habitans de nos provinces mêmes les plus libéralement traitées sous ce rapport, et qui vivent sur un sol tout minéral, regardent cette espèce de produit, dans ce premier vice de la législation, et j'ai pensé être obligé de le signaler en m'occupant du *développement de notre industrie intérieure.*

Une autre voie pour lui donner la plus grande extension, et qui depuis long-temps a été reconnue par le gouvernement, c'est l'ouverture des canaux de navigation. Ici, loin d'avoir à solliciter de l'administration des soins plus vigilans, nous n'avons qu'à la remercier de ce qu'elle a fait.

Avant peu la jonction de l'Océan et de la Méditerranée aura lieu en traversant tout le royaume, d'autres canaux établissent de faciles communications entre les provinces, plusieurs s'achèvent, quelques-uns sont commencés, d'autres sont projetés, et l'exécution s'ensuivra incessamment; enfin, rien, sous ce point de vue, n'est à demander au gouvernement, surtout depuis qu'un directeur (1) aussi éclairé que plein du zèle le plus actif, a été mis à la tête de cette partie importante de l'administration publique.

Ces canaux sont les véritables bras du commerce intérieur. Mais il ne suffit pas de les avoir créés, il faut diriger leurs mouvemens, ôter toute entrave à leur action, et en tirer l'immense parti qu'ils présentent, pour lier tous les rapports de province à province, de département à département, de ville à ville.

Dans ce cas, c'est à l'amélioration de la construction des bateaux, à la diminution de l'emploi des chevaux et des hommes (que l'on mettra plus utilement en œuvre dans d'autres travaux), à l'application des procédés que

____

(1) M. Becquey.

l'Amérique, l'Angleterre et le Danemarck, met-
tent en usage pour la communication que les
eaux leur facilitent si heureusement dans
toutes les sinuosités de leur territoire qu'il
faut s'arrêter.

Un bon système de règlement est aussi fort
nécessaire : en le conformant aux lieux, aux
usages des pays, et en le rattachant néanmoins
à des principes généraux d'administration et de
législation, on verroit dans peu d'années quelle
influence l'activité de cette navigation intérieure bien conduite, auroit sur notre aisance,
et comme elle augmenteroit nos jouissances
de toutes manières.

Ce n'est pas tout cependant que de multiplier et de faciliter les moyens de transport,
en faisant des canaux la voie la plus aisée, la
plus sûre et la moins dispendieuse; il faut
aussi assurer le débit des marchandises.

Depuis que le commerce de détail s'est
agrandi, depuis que le nombre des marchands
en boutique a décuplé, les foires diminuent
sensiblement, plusieurs ont cessé de s'ouvrir;
celles qui subsistent encore languissent, et à
l'exception de deux ou trois, telles que la foire
de *Beaucaire*, celle de *Guibray*, de la *Balme*,
et quelques autres qui, par des causes faciles
à assigner, se soutiennent avec éclat, la pres-

que totalité de ces institutions du négoce de nos ancêtres est menacée d'une décadence prochaine et inévitable. De cette déviation de l'ancienne route, il résulte un dommage pour les consommateurs, et de véritables obstacles pour le commerce intérieur en général.

On ne rendra plus l'existence aux foires qui ont disparu ; on n'empêchera même point de tomber celles dont la chute est déjà imminente, et cependant il est démontré qu'il faut, pour premier débouché à l'industrie, des points de réunion où l'agglomération de toutes les sortes de marchandises puisse se former comme de grands réservoirs, qui vont répandre les objets manufacturés jusque dans les hameaux les plus éloignés.

Privés de ces vastes dépôts, les ateliers seroient encombrés. L'égalité du débit si nécessaire à leur maintien seroit rompue indubitablement, et la grande exploitation commerciale se feroit au profit seul de quelques-uns, et au détriment de tous les autres.

Pour obvier à cet inconvénient, je proposerois volontiers, dans chaque chef-lieu de département, l'établissement de vastes magasins publics, convenablement disposés, où sans aucun frais on pourroit déposer telle quantité que l'on voudroit d'objets fournis par nos ma-

nufactures, et où les entrées et sorties se fe-
roient également sans payer aucune rétribu-
tion.

Là on s'approvisionneroit en grand , et les
départemens, qui auroient fait les avances de
constructions nécessaires , n'auroient qu'à
s'applaudir d'une première dépense, qui leur
seroit remboursée par le mouvement des affaires et la circulation d'un numéraire abon-
dant.

Si des dépôts par chaque chef-lieu parois-
soient trop rapprochés , on pourroit en établir
un par deux départemens, ou même seulement
dans les villes ayant vingt mille âmes de population et qui toucheroient aux pays les plus
industrieux.

Sous un ministère qui, en renouvelant l'ex-
position annuelle des produits de notre industrie, a montré tout l'intérêt qu'il lui porte,
l'idée que je viens d'énoncer ne peut que ger-
mer heureusement.

Telles sont mes vues sur le développement
à donner à nos premières ressources industrielles.

Mais tous ces encouragemens accordés au
commerce intérieur n'auroient qu'un demi-
succès, si l'axe sur lequel tourne le cercle de

toute industrie venoit à manquer ou à diminuer de force agissante.

On entend que je veux parler de l'agriculture.

Elle est assurément dans un état prospère, et chaque année lui voit faire des progrès.

L'institution du comité nouvellement formé les portera encore plus loin, et tous les bons esprits, tous les hommes versés dans la science agronomique, en réclamoient depuis long-temps l'établissement.

J'ose diriger son attention sur deux parties dont il reconnoîtra toute l'importance : la multiplication des haras et un bon système d'assolement.

Par l'amélioration de nos races de chevaux nous donnerons incontestablement plus d'activité à notre agriculture.

Nos paysans n'attachent à leur charrue que des chevaux foibles et sans courage ; ceux qui veulent forcer la terre à rendre libéralement, sont obligés de se procurer des attelages en Belgique, en Suisse, en Allemagne, et notre numéraire s'écoule ainsi chez l'étranger. Nous sommes également contraints d'y faire la majeure partie de nos remontes, et la balance est alors grandement contre nous.

M. le comte Chaptal ne trouve que vingt-sept dépôts d'étalons sur notre territoire ; il en faudroit quatre fois plus. Le régime de leur conservation et de leur propagation est d'ailleurs susceptible de sages réformes ; car il présente plus d'un abus. Sans inculper qui que ce soit, je dirai que souvent les grands propriétaires, à qui ces précieux dépôts sont confiés, pensent plus à leur intérêt particulier qu'à celui de l'état, et c'est un mal auquel il est facile de remédier.

Quant à un bon système d'assolement, la nécessité s'en fait tellement sentir, que je n'ai pas besoin de m'appesantir sur cette proposition. Les terres bien assolées produiroient au moins un dixième de plus, et c'est quelque chose sur une surface comme celle de la France. Je sais que l'on ne pourroit point l'appliquer partout, mais il est des contrées où il ne présente aucune difficulté ; et le cadastre pour lequel on ne fait pas assez, je ne crains pas de le dire, parce que je suis pénétré de son utilité, leveroit ailleurs tous les obstacles, et nous ameneroit à ce point désiré par tous les auteurs qui ont traité de l'agriculture avec une connoissance pratique (1).

____

(1) On a loué et critiqué avec force, et sans réserve de part et d'autre, l'importante opération du cadastre.

Et comme la culture et l'industrie manufacturière se donnent la main, la prospérité de la

---

Il me semble qu'on n'a point gardé un juste milieu,
et cela vient peut-être du défaut d'examen et surtout du
point de vue d'où l'on est parti pour prononcer sur l'utilité ou le peu d'avantage que l'on peut retirer de cette
opération.

Beaucoup de difficultés se sont présentées dans l'exécution, et ceux qui se sont élevés contre cette mesure, ne
les ont pas assez senties. Les intérêts locaux, le besoin de
rencontrer des experts à la fois probes et instruits ; la
tendance des propriétaires à déguiser la vérité sur les renseignemens demandés, sont autant d'obstacles.

L'expérience, dont les premiers essais remontent aux
princes de la branche des Valois, a prouvé à la majeure
partie des publicistes qui se sont occupés de l'impôt, que si
l'assiette qui s'ensuit n'étoit point la plus parfaite, c'étoit du
moins celle au moyen de laquelle on pouvoit parvenir à la
répartition de la contribution foncière la moins inégale, et
que tout autre mode ne parviendroit pas à la remplacer.

Ces motifs suffisent donc, pour que tout homme sage
et ami de son pays ait à désirer qu'il s'exécute.

En s'élevant contre cette conception de notre nouveau
régime financier, on oublie qu'il a fait découvrir des dis-
proportions effrayantes entre les cotes des contribuables ;
et que tel propriétaire que ce soit qui ait supporté l'augmentation nécessaire au rétablissement du niveau, il en est
résulté un acte de justice dont l'effet a pu susciter les mé-
contentemens et les réclamations de quelques intéressés,
mais qui a soulagé ceux qui souffroient depuis longues
années.

première ne feroit qu'accroître celle de la seconde.

Même sous le gouvernement le plus fiscal il n'est pas un possesseur de terres qui ne devroit désirer ardemment voir le cadastre servir de base à l'impôt, parce qu'il seroit toujours suivi d'une égale et proportionnelle répartition.

A plus forte raison, dans un pays où la contribution n'est pas arbitraire, où le peuple consentant d'un libre mouvement, par l'organe des pouvoirs législatifs, le tribut nécessaire aux besoins publics, la juste distribution des cotes est la conséquence nécessaire de la résolution qui a été prise après un débat solennel et dans l'intérêt de l'état.

C'est ainsi qu'un ministre des finances, pénétré de ses devoirs, trouvant dans le cadastre l'instrument le plus propre à frapper tous les contribuables avec équité, opérera sur la surface de la France, semblable à un habile mécanicien qui peut en pressant un ressort unique et régulateur, agrandir ou rétrécir à volonté les distances d'une échelle graduée, et donner toujours à chacun de ces espaces une égalité rigoureuse.

Néanmoins, la vérité m'oblige à dire que tous les reproches faits à cette dismensuration générale de la terre contribuable ne sont point sans fondemens. Les fréquentes mutations rendent les plans imparfaits, parce que l'on n'a pas pris assez de précautions pour constater leurs traces sur les atlas cadastraux.

D'ailleurs, après avoir été créé, le cadastre auroit dû être suivi d'un système de conservation qu'on auroit établi en intéressant les agens même qui l'exécutent, et en faisant de leurs emplois, qui ne sont que précaires et passagers, un état fixe et honorable.

Ces observations me mènent naturellement à quelques aperçus sur notre commerce exté-

---

N'auroit-on pas dû aussi, par une loi sagement combinée, ordonner que tout acte public et notarié relatif à la vente ou à la transmission d'une propriété foncière, énonceroit, sous peine de nullité, la contenance portée au plan cadastral qui seroit annexé à cet acte? Enfin, n'auroit-on pas dû subordonner les opérations d'art, faites pour la partie financière, à des travaux géodésiques qui auroient fourni dans chaque département une excellente carte, laquelle se seroit trouvée achevée au fur et à mesure que le cadastre y auroit été terminé ?

Qu'eût-il fallu pour obtenir ce beau résultat? non une augmentation de dépenses, mais une volonté bien prononcée de la part de l'administration. Elle eût été parfaitement remplie; car je ne crains pas de le dire, la majeure partie des ingénieurs de ce corps qui a déjà rendu tant de services, et qui n'a pas été assez récompensé dans les occasions où il eût été juste de le faire, regrette de n'avoir pu attacher son nom à de belles cartes départementales, dont l'ensemble auroit ensuite formé la carte générale et *cadastrale* de la France.

Une simple note ne suffit pas pour développer *ex professo* des idées que j'indique ici sommairement; mais je crois sage, pour juger le cadastre, de ne point se jeter dans les extrêmes, ni de raisonner d'une manière absolue, et surtout de ne point exiger de lui une perfection presque impossible : celle d'un *terrier*, par exemple, qui entraîneroit le sacrifice de sommes considérables, d'un temps énorme, et dont la tentative seroit en quelque sorte l'ouvrage de *Pénélope*.

rieur, et sur les avantages de notre position actuelle.

Au reste, tel qu'il est, tel qu'il s'exécute, ce n'en est pas moins un beau travail ; et la France doit de la reconnoissance à M. le duc de Gaëte pour avoir eu, dans le temps, cette force de caractère qui sait vaincre les obstacles que de grands intérêts individuels opposent toujours aux entreprises utiles ; et pour avoir conduit celle-ci avec une habileté et un talent qui rappellent les heureuses créations que les finances doivent à l'expérience de cet ancien ministre.

Cette note est longue, et je n'ai pas tout dit ; mais je devois la faire, parce qu'en traitant de l'*industrie*, et ne connoissant point de meilleure base sur laquelle on puisse la placer que l'agriculture, j'ai toujours considéré le cadastre comme la seule voie qui puisse conduire au plus grand développement de richesses et de produits territoriaux.

DEUXIÈME DIVISION.

<hr>

De notre position avantageuse pour augmenter nos richesses, en versant chez l'étranger les objets sortis de nos manufactures et de nos ateliers.

Après nous être occupés des bases fondamentales de l'industrie manufacturière, des arts qui l'alimentent et de quelques parties trop négligées parmi nous, examinons les moyens qui sont en notre pouvoir pour donner au produit de nos travaux plus de facilité d'écoulement, et pour multiplier les débouchés susceptibles d'en verser la plus grande masse possible chez les peuples étrangers.

En jetant un coup d'œil autour de nos frontières, nous ne dissimulons pas que nous remarquons de toutes parts des obstacles nombreux à l'extension commerciale si vivement désirée.

Chaque état de l'Europe manifeste l'intention fortement prononcée de se passer de l'industrie de ses voisins, et de s'affranchir du tribut qu'il est forcé de payer malgré lui à la nation qui l'a devancé dans telle ou telle partie des arts utiles, dans la fabrication des objets de consommation habituelle ou de luxe.

Le système des douanes, perfectionné chez nous, ne l'est pas moins chez nos rivaux. Ce n'est donc point sur la contrebande que nos manufactures peuvent fonder leur espoir, et ce seroit une grande erreur que d'en calculer les chances toujours hasardeuses en faveur de notre balance.

Cette illicite opération de la cupidité, plus que du véritable commerce, tournera constamment contre nous, par la raison bien simple, que nous touchons, sur tous les points, à des contrées où la plus forte partie de la population des villes, et quelquefois même des campagnes, se livre à l'exploitation des fabriques de tous les genres.

La Suisse succombe sous le poids de ses tissus de toutes espèces, et ne se fournit qu'à regret d'une grande quantité de nos productions territoriales; mais enfin la nature les lui ayant refusé, il faut bien qu'elle consente à nous payer ce tribut, et l'avantage est tout de notre côté.

La Belgique déplore la stagnation de ses ateliers, parce qu'elle ne trouve plus autant de ressources pour ses exportations qu'autrefois.

Le nord de l'Allemagne, partagé en plusieurs souverainetés rivales, voit développer chaque jour une grande émulation dont le but est de ne devoir plus rien à une main-d'œuvre qui ne seroit pas nationale.

Le Piémont et le Milanais apprennent au reste de l'Italie, que même sous un ciel brûlant et qui semble commander le repos, on peut goûter les fruits d'une laborieuse activité animée par l'espoir du gain. Quant à l'Angleterre, je crois inutile de faire ici le tableau de sa supériorité sous ce rapport, où ses succès sont malheureusement incontestables.

Que nous reste-t-il donc? va-t-on me dire : je répondrai *beaucoup encore !* Malgré cette tendance universelle que montre chaque peuple à satisfaire par ses propres travaux à tous ses besoins réels ou factices, selon la dispensation générale et continuelle qui se fait sur notre terre de biens et de maux, de jouissances et de privations, de facultés et d'impuissances, de volontés et de résistances, de vrai savoir et de préjugés, tous les peuples qui nous entourent ne sont point parvenus dans chaque chose au même degré de perfection. Plusieurs entrevoient à peine une foible lueur là ou les autres sont entièrement éclairés ; quelques-uns, dégoûtés de tentatives infructueuses, abandonnent des entreprises que de plus habiles, de plus persévérans mènent à un résultat qui les paye largement de leurs peines.

C'est de cette variété de positions, de moyens, de ces différens degrés d'essai et de perfection que nous devons tirer un parti immanquable.

Sans effrayer les gouvernemens étrangers sur les intérêts de leur commerce respectif, il ne s'agit donc que d'avoir l'œil ouvert, et de saisir à propos les demandes de tel ou tel pays, et de considérer si dans nos ressources intétérieures nous avons de quoi les remplir.

Alors nous n'avons point à craindre d'irriter contre nous le peuple auquel nous portons une large portion de notre superflu. Nous pouvons bien exciter, il est vrai, la jalousie d'autres nations aussi entreprenantes que la nôtre, et qui tendront au même but; mais comme ici c'est un champ libre, et que celui qui y moissonnera avec le plus de gain sera nécessairement celui qui y portera le plus d'avantages, c'est-à-dire, qui fournira les marchandises les plus belles et au meilleur marché, il ne s'agira plus, pour triompher dans cette concurrence, que de combiner ensemble la bonne qualité des objets offerts en vente, avec la modicité du prix. Et ne sommes-nous pas en mesure suffisante pour obtenir tous ces succès ?

Chaque jour des brevets d'invention dans tous les arts, apprennent à l'Europe que le François ajoute à tel ou tel objet d'utilité ou d'agrément, de la solidité, de l'éclat ou de la grâce.

Le long séjour de nos concitoyens chez les nations étrangères, celui que les troupes nombreuses de toutes les puissances, et que leurs plus illustres personnages ont fait à Paris et dans nos provinces, ont répandu partout nos goûts et nos habitudes.

Les autres nations ont pris nos besoins au milieu de nous, et elles ne peuvent plus les satisfaire que chez nous, c'est-à-dire, avec le produit de nos travaux et de notre adresse.

L'art du dessin, que nous avons si heureusement appliqué à tous les objets de luxe, et même à ceux qui sont d'une utilité absolue, a donné un haut prix aux yeux des peuples moins favorisés par le génie et le goût, à tout ce qui sort de nos ateliers.

C'est donc à nous de profiter de cette situation rare et qui ne se présentera pas deux fois.

Tout nous invite à faire rentrer dans nos coffres, par le commerce extérieur, le numéraire que les chances de la guerre nous ont enlevé.

Quand on pense que Pise, Florence, Gênes,

Venise, tous petits états sans force réelle et territoriale, ont brillé sur la scène du monde et se sont mises au rang des puissances influentes par la seule industrie ; quand on se souvient que leurs plus beaux édifices, dignes d'être comparés à tout ce que l'antiquité a élevé en ce genre, et qui le surpassent même, n'ont été construits que sur les deniers provenans des plus modiques impositions qui frappoient les opérations du commerce extérieur (1), que ne doit-on pas espérer des destins de l'industrie françoise bien dirigée, et qu'il est juste de dire que plus un peuple exporte, plus il accroît son opulence !

Cette vérité reconnue, je propose la création près des ministres des affaires étrangères et de l'intérieur réunis, d'un comité semblable à celui qui vient d'être formé pour l'amélioration de l'agriculture. Il se composeroit d'hommes versés dans la science de toutes les opérations mercantiles, des manufacturiers du premier ordre, d'anciens agens diplomatiques, d'ex-consuls ou vice-consuls, des banquiers,

---

(1) Le Baptistaire de Florence, un des plus beaux édifices de l'Italie moderne, a été construit avec l'argent provenant d'un impôt sur l'importation et l'exportation du coton du levant en bourre, filé et tissu.

des voyageurs les plus renommés, et des auteurs connus par des ouvrages de statistique européenne.

Ce comité, qui s'assembleroit deux fois par mois, sous la présidence alternative des deux ministres, correspondroit, pour cet objet uniquement, avec les ambasseurs, les résidens de France à l'étranger, les consuls et vice-consuls, afin d'en obtenir des lumières ; et aussitôt qu'ils lui auroient fait connoître les différens lieux sur lesquels notre industrie peut se porter, et la nature des besoins, ce comité, s'empressant d'en faire un rapport au ministre, ceux-ci dirigeroient habilement nos fabricans et nos négocians dans les nouvelles voies qui leur seroient ouvertes, et un mouvement continuel vivifieroit nos ateliers, nos magasins et nos entrepôts.

C'est ainsi, qu'au milieu de la surabondance dont la Suisse, la Belgique, l'Angleterre même sont accablés, nous pourrions encore trouver à y placer des produits de nos mains et en tirer un grand bénéfice. C'est ainsi qu'en Italie, en Espagne, que dans le Levant, aux Indes orientales, en Amérique, chez tous les insulaires, nous trouverions des moyens d'écoulement et de vente.

Il ne faudroit que de l'assiduité dans les

séances du conseil, de l'ensemble dans ses opinions, de l'activité dans ses correspondances, du discernement dans les renseignemens qui lui seroient transmis par nos agens extérieurs, pour nous faire parvenir à un haut degré de prospérité publique.

On m'objectera peut-être que les chambres de commerce, une division du ministère de l'intérieur, une section du conseil d'état forment à peu près le conseil de direction que je propose. Je ne nie l'utilité d'aucune de ces créations, je suis loin d'en provoquer la suppression ni le changement; mais enfin, tout en avouant qu'elles rendent des services essentiels, je ne trouve point au milieu d'elles cette unité de sentimens, de vues, de consultations, de résolutions indispensables pour arriver à un grand et sûr résultat. Le comité dont j'indique l'idée, me paroît fournir un moyen sûr d'y parvenir. Formons-le donc et donnons-lui pour premiers appuis, pour premiers affiliés, les chambres de commerce et les divisions de l'intérieur et du conseil d'état qui s'occupent de cette partie (1).

____

(1) Je corrigeois l'épreuve de cette page quand les journaux m'ont appris que l'œil du ministère se portoit sur l'insuffisance de plusieurs institutions chargées de la direction du commerce.

Qu'on ajoute ensuite une bonne législation à cette mesure dont l'adoption peut avoir tant d'influence sur l'augmentation de nos richesses, et nous n'aurons peut-être plus rien à envier sous ce rapport à l'Angleterre même, si favorisée par les institutions auxquelles elle attribue le degré de splendeur où elle est parvenue depuis plus d'un siècle.

Je m'explique : notre code marchand, notre code maritime, nos ordonnances relatives aux contestations qui peuvent s'élever entre les

---

Le conseil des fabriques et manufactures n'étoit point complet, le ministre de l'intérieur a cru devoir y joindre des membres qui entendissent à la fois la culture du chanvre et du lin et la fabrication des tissus qui en proviennent.

C'est un nouveau pas fait vers le complément de tout ce que réclame la haute administration de la branche la plus importante de nos richesses nationales, je veux dire *notre négoce intérieur et extérieur.*

Il n'entre point dans mon plan de m'occuper du chanvre et du lin ; bien que je regarde ce produit de la terre comme grandement susceptible d'améliorations.

Mais avoir jugé que dans ce qui existe actuellement pour la direction commerciale et industrielle, il étoit besoin de compléter une partie, n'est-ce pas donner l'espoir que dans toutes les autres, et dans celle qui, selon moi, doit être placée à la tête, on apportera le plus sérieux examen ; et n'est-ce pas engager ceux qui s'occupent de l'économie à donner leur avis ?

étrangers et nous, entre Français et Français sur des côtes éloignées, dans des ports francs ou soumis à un régime fiscal, n'ont point le complément nécessaire, ou ne sont plus en harmonie avec l'état où se trouvent les nations, depuis les derniers événemens qui ont en quelque sorte changé la face de l'Europe. Une révision est donc exigée impérieusement par la force des choses, et la sagesse de notre ministère ne négligera pas d'apporter un prompt remède à un mal réel.

Je ne fais point une dissertation *ex professo* à ce sujet, et je me contenterai d'indiquer assez clairement ce vice de notre législation commerciale, pour qu'un regard de notre gouvernement fasse cesser les abus, rende l'existence à des lois, à des règlemens mis en oubli, et en substitue de nouveaux à ceux qui sont tombés en désuétude. Alors je serai certain, que par cette réparation de l'édifice législatif de notre négoce extérieur, tous ceux qui viendront déposer leur fortune sous son toit et dans son enceinte tutélaire, s'empresseront d'en montrer la route à leurs enfans et à leurs concitoyens.

En conséquence, sans entrer dans des détails trop amples, je m'arrêterai seulement à ce qui se rapporte à la juridiction de nos con-

suls dans les échelles du Levant, et je dirai
que chaque jour démontre l'urgence d'une
réforme et d'une amélioration dans le système
de cette branche de notre haute administration commerciale.

La position de ces agens est souvent difficile.

Dignes de la confiance du gouvernement,
parce que tous honorent leur mission, déjà
fort noble d'elle-même, par une conduite,
une fermeté, une franchise, une hospitalité,
un désintéressement et un esprit de concilia-
tion qui les distinguent parmi ceux des autres
états, ils remplissent scrupuleusement leurs
devoirs, et les négocians trouvent toujours en
eux des protecteurs zélés, des juges impar-
tiaux. Mais combien d'obstacles n'ont-ils pas
à écarter de toutes parts, soit du côté des
levantins de toutes les nations, des gouver-
neurs, des pachas, des officiers civils et mili-
taires, de toutes natures et de toutes couleurs !

Et cependant ce ne sont pas encore les
épines qui les embarrassent le plus.

Ils n'en rencontrent pas moins lorsqu'il
s'agit d'apaiser les différends qui naissent si
fréquemment entre leurs compatriotes.

Arbitres nés de plusieurs de ces contestations, ils sont souvent arrêtés par l'incohé-
rence des anciennes et des nouvelles ordon-

nances, par l'obscurité de plusieurs décisions, par le silence des commentateurs ; et bien que le Code Civil et le Code de Commerce viennent à leur secours pour trancher beaucoup de difficultés, en appliquant les dispositions du droit commun qu'ils contiennent, il n'en reste pas moins des cas où ces arbitres ne savent quel parti prendre. Une multitude de réclamations demeurent sans effet, de questions sans réponse, de problèmes sans solution, parce que des usages, des coutumes autrefois en vigueur, et sur lesquels on se fonde, se trouvent en contradiction manifeste avec les changemens modernes, et ne permettent pas de prononcer.

De cette indécision dérivent des retards, des pertes dont l'étranger profite en concurrent habile ; de là une diminution nuisible dans le produit de nos exportations, et un déficit dans nos bénéfices.

Il faudroit un livre entier pour énumérer tous les cas où nos consuls malgré leurs lumières et leur bonne volonté ne peuvent pas servir les intérêts du commerce, en mettant un accord parfait entre les prétentions des commerçans.

Une législation prévoyante, claire, et qui concilieroit les vieilles et les nouvelles habitudes, doubleroit nos envois dans l'Archipel et dans tout le littoral du vaste empire ottoman ; et ne bornant pas à ce point de communication ses bienfaits, elle feroit sentir son heureuse influence partout où notre pavillon peut flotter librement, et aujourd'hui c'est à dire dans les deux hémisphères.

Il est bien d'autres faces sous lesquelles je pourrois observer les erreurs et les défauts de notre législation commerciale extérieure ; ils ont déjà frappé d'autres yeux que les miens : mais avoir signalé celles dont je viens de m'occuper, c'est avoir donné l'éveil sur toutes ; et engager le ministère à en réparer une, c'est le mettre sur la voie pour faire cesser toutes les autres. La chaîne des abus se tient comme celle des vérités : rompez un des anneaux, tout le système s'écroule (1). En résumé, la prospérité de nos manufactures et de notre négoce avec l'étranger tient à une bonne lé-

---

(1) C'est bien ce que nous a fait sentir l'ingénieux auteur de l'*État de la France sous la domination de Napoléon Buonaparte*, dans son ouvrage aussi profondément pensé qu'élégamment écrit. Alors tout étoit abus dans la direction des affaires commerciales. Une des bases du système adopté dans cette partie étant attaquée, il a fallu se résoudre à voir s'ébranler et tomber en ruines un édifice sans liaisons et sans fondemens.

gislation consulaire, et à une sûre direction qu'il appartient au gouvernement seul de lui donner.

Le comité que je propose est un des moyens que la nature des choses offre pour parvenir à ce résultat dont les suites fructueuses sont incalculables. Sa création ne seroit point une surcharge pour les finances de l'état. Les membres qui le composeroient, trop heureux de se rendre utiles, et se contentant de la gloire attachée au bien et à ceux qui le font, ne demanderoient d'autre payement de leurs soins que la reconnoissance nationale, et ils seroient sûrs de l'acquérir.

Mais ce n'est pas tout encore que de concevoir une extension commerciale, si l'on n'étoit point assuré de trouver dans la bienveillance des gouvernemens étrangers des facilités et une protection spéciale. C'est ce dont je vais traiter dans la troisième partie.

TROISIÈME DIVISION.

De quelques débouchés pour l'écoulement de nos marchandises, ouverts par les dispositions amicales des puissances.

QUEL beau spectacle présente en ce moment la France et l'Europe, et combien quatre années ont apporté de métamorphoses dans leur position mutuelle !

Sans remonter à cette époque où le délire des conquêtes ayant fermé nos ports, nous avoit isolés de toutes les sociétés commerçantes, et ne nous permettoit plus d'exporter nos marchandises, qu'à la suite d'armées qui ravageoient le continent, et dont la présence effarouchoit les arts, amis de la paix ; en ne nous arrêtant qu'à la double invasion que la fortune capricieuse et cruelle nous a forcés de subir ; quels progrès n'avons-nous pas faits dans le développement de nos ressources territoriales et industrielles ? Et à qui devons-nous cet avantage ? A l'amitié des souverains, au calme des passions haineuses, des ressentimens qui agitoient les peuples contre nous.

Sachons jouir, sachons nous tracer des chemins à l'opulence, qu'ils deviennent indépendans des chances futures, et qu'ils ne puissent du moins jamais s'intercepter entièrement.

Les hommes n demandent point de combats, ce sont des jouissances qu'il leur faut; et qui peut les leur procurer, si ce n'est le commerce; ce lien universel qu'ils ne rompent qu'à regret, et qu'ils renouent bien vite dès que la politique leur en laisse la liberté?

Les derniers traités politiques ont assuré aux communications, aux échanges une protection plus forte, plus étendue que dans aucun temps.

Il faut espérer que des traités de commerce contenant des avantages réciproques s'en suivront bientôt, et déjà même la sagesse du ministère a su apprécier la nécessité d'entrer en négociation à ce sujet. Mais dans l'état actuel des choses, et malgré les droits trop pesans que chaque état de l'Europe a mis sur l'introduction des marchandises et des produits des autres pays , il est encore de grands bénéfices à faire particulièrement sur tout ce qui est objet de luxe , parce que dans toute contrée la frivolité et le goût de la parure ne savent rien épargner pour se satisfaire.

En saisissant une occasion aussi favorable,

commençons par nous bien pénétrer de cette idée, qu'en portant chez l'étranger les productions de notre sol et nos objets de fabrication, nous devons respecter leurs lois, leur coutume, leur politique, et particulièrement les chefs qui les gouvernent. Ne faisons point repentir des puissances amies de nous avoir rouvert des portes qui nous avoient été fermées si long-temps ! Contentons-nous, en versant chez eux notre superflu, en aspirant une partie de leur numéraire, d'être au milieu d'eux négocians et rien de plus.

Je le dirai avec franchise, la légèreté de notre nation a nui plus d'une fois à des opérations graves, et les peuples qui nous admettent chez eux nous ont reproché, non sans quelque fondement, un esprit frondeur qui leur déplaît et qui maintenant les épouvanteroit.

L'indiscrétion de quelques étourdis, la jactance de quelques écrivains ont fait craindre à plus d'un gouvernement ombrageux le contact trop fréquent de nos compatriotes avec leurs sujets, et dans plus d'un état où nous aurions une belle mine d'industrie à exploiter, quelques esprits moroses et non encore réconciliés avec nous, croient voir dans nos négocians, des missionnaires chargés de pervertir les mœurs, de critiquer les institutions, et de bouleverser toute l'économie sociale du pays.

Ces appréhensions sont assurément exagérées, je pourrois même les appeler des effets de la prévention bien faciles à combattre et à détruire ; mais enfin, nos rivaux, nos concurrens éternels savent les faire naître et les entretenir. Il est donc de notre sagesse et surtout de notre intérêt, de n'y donner jamais lieu.

Non point que je prétende que nos Français doivent, dans aucune circonstance, faire abnégation de la gloire nationale, et encore moins du bonheur qu'ils ont de vivre sous un régime libre et constitutionnel ; mais se contentant de ne jamais transiger sur ce qui nous concerne, la prudence et la raison leur commandent de ne contrarier en aucune manière les peuples qui les accueillent, dans leur religion, leurs habitudes et leurs affections.

Avec cette réserve, que de canaux s'ouvrent devant nous pour l'écoulement de nos marchandises ! L'Espagne, cette terre qui pourroit tout produire, et qui cependant est forcée de s'approvisionner chez les nations étrangères, appelle par ses besoins l'attention particulière de notre commerce. Nous y verserons les fruits de notre agriculture, les produits de notre chapellerie ; nos draps l'emporteront chez elle sur ceux de la Grande-Bretagne. Notre quincaillerie s'y répandra facilement, et notre bijouterie y sera plus appréciée que toute autre. Des couleurs préparées, des cuirs mieux tannés que les siens , nos fers battus et mille autres objets y trouveront un débit certain. Enfin , elle allégera le tarif qu'elle a mis sur beaucoup de nos articles , tarif qui équivaut à une prohibition , et que quelques gazettes anglaises nous ont appris n'avoir été élevé à ce taux que pour rendre plus difficiles les communications entre les deux pays.

L'Italie, depuis la Toscane jusqu'au fond du royaume de Naples et dans tout l'état ecclésiastique, se plaira à fournir ses magasins comme autrefois de nos objets de luxe. Les broderies de Lyon et de Paris y reprendront une nouvelle faveur, et nous procureront des bénéfices d'autant plus précieux qu'ils porteront en majeure partie sur la main-d'œuvre.

La Turquie d'Europe et d'Asie payera à nos provinces du midi l'ample tribut des demandes qu'elle avoit coutume de lui faire avant la révolution, et dont les Anglois même dans les dernières hostilités si longues, et qui ont tant influé sur les différentes déviations du commerce, n'avoient pu s'emparer exclusivement.

Les draps si légers et d'une couleur si vive, fournis par les fabriques de Carcassonne et des différentes villes du Languedoc et de la Provence, chargeront encore les felouques, les tartanes et les caravelles levantines; et l'immense population de la Grèce et des rives du Bosphore sera de nouveau vêtue du produit de nos manufactures.

L'Égypte, qui ne verra plus en nous des navigateurs conquérans à main armée, mais de paisibles facteurs d'une nation qu'elle sut estimer et aimer au milieu des malheurs de la guerre, s'approvisionnera également sur nos vaisseaux qui viendront visiter ses rades. La Russie (1), qui plus d'une fois a montré qu'elle

---

(1) Cet état appelle à son commerce tous les peuples du monde, et particulièrement les Français.

Bientôt on ira y chercher des modèles d'industrie, grâce à la sagesse du Prince qui la gouverne.

L'affranchissement des serfs est un grand pas qui menera loin la nation du globe peut-être la plus apte aux arts mécaniques qu'elle imite et perfectionne avec une adresse extraordinaire.

Et la belle loi par laquelle Alexandre permet à tous ses sujets d'établir librement des manufactures, met le complément à ce système libéral qui portera des fruits précieux.

Mais il faut encore du temps pour que la Russie se suffise à elle-même. Profitons de nos liaisons avec elle pour fournir à ses besoins.

préfère notre commerce à celui des autres nations, recevra avidement nos salaisons, nos meubles élégans, qu'elle s'empressera d'imiter; notre horlogerie de Paris qui l'emportera sur celle de Londres et de Genève, quoique les prix en soient plus élevés, mais que la solidité et la grâce placeront toujours en première ligne; nos tapisseries qui n'ont rien de comparable en Europe; notre porcelaine, plus belle que celle de Saxe; nos fleurs artificielles, nos gravures, nos tableaux et nos livres.

La Crimée, ce pays devenu tout français parce qu'il doit tout à un de nos concitoyens dont la France connoît et honore le plus les vertus, s'alimentera chez nous de ce qui lui sera nécessaire, en échange de ses blés, et les bords de la Chersonèse ne verront plus que nos marchandises.

L'Autriche et le reste de l'Allemagne nous feront aussi d'utiles commandes en vins, en liqueurs, en quelques préparations chimiques,

---

Puisque j'ai parlé du monarque qui renouvelle à Pétersbourg les prodiges de Pierre-le-Grand, qu'il me soit permis de nommer le ministre des relations extérieures, M. le comte de Nesselrode, et le ministre de l'intérieur, M. de Kododawlew, aux soins desquels l'empereur confie l'exécution de ses règlemens créateurs de l'industrie russe.

et l'Angleterre elle-même recevra avec plaisir nos dentelles, notre orféverie, nos instrumens de chirurgie, qu'elle cherchera peut-être ensuite à perfectionner, mais qu'elle regardera toujours comme le type du goût et de l'adresse.

Ainsi se réalisera le vœu d'un grand homme d'état, du célèbre Colbert, qui vouloit qu'il ne fût pas une nation chez laquelle nous ne portassions la réputation de notre habileté dans les arts. Le moment est propre, je le répète. Ne le laissons pas échapper, et pour en tirer tout le parti désirable, souvenons-nous qu'il ne nous faut qu'être sages. Prenons exemple sur ce peuple (1), qui seul a su se maintenir dans le commerce du Japon, non point que je prétende qu'il faille nous aviiir et pousser la cupidité jusqu'à un horrible degré de bassesse, en méconnoissant notre dignité, nos lois, notre croyance; mais respectons celle d'autrui, c'est tout ce que l'Europe exige de nous.

Une paix dont chacun avoit besoin, nous appelle aux échanges avec les autres nations, dont les chefs ne nous voient plus que comme des frères. N'altérons pas ces dispositions amicales, et souvenons-nous que les passions des hommes ne viendront que trop vite jeter des

____

(1) Les Hollandois.

entraves qui ne seront plus aussi fortes, aussi nombreuses, aussi universelles qu'elles l'ont été pendant vingt années; mais enfin, ne dédaignons pas d'utiliser une époque que l'histoire signalera comme une des plus favorables au développement de notre industrie commerciale, et ne lui laissons pas consacrer dans ses annales, le reproche de l'avoir négligée ou d'y avoir apporté sciemment, et de notre propre volonté, de nuisibles empêchemens.

QUATRIÈME DIVISION.

De la reconnoissance que le commerce et l'industrie doivent montrer pour les institutions de Louis XVIII, et de l'influence de ces institutions sur la durée de notre prospérité.

Après avoir indiqué, non sans quelque témérité, peut-être, ce que nous avons à faire pour nous maintenir dans la première ligne du commerce européen, il me reste à tracer l'agréable tableau de tous les soins paternels d'un Monarque qui ne veut pas seulement notre félicité passagère, mais qui, enchaînant par son génie les siècles à venir, prétend la fonder de manière à ce qu'elle subsiste long-temps après lui.

N'est-ce point en effet placer le commerce, cette pierre angulaire des sociétés modernes, sur sa véritable base, que de l'appuyer sur la liberté publique.

Sa charte sublime, en rendant tous les François égaux devant la loi, en appelant tous les genres d'industrie à la coopération de l'œuvre législative, en faisant de la propriété que cha-

cun peut acquérir, la colonne de l'édifice constitutionnel, en repoussant à jamais toute espèce de monopole, en levant toutes les entraves mises aux créations de l'esprit et de
l'adresse des François, sa charte sublime, dis-
je, a fait de ses nombreux sujets des hommes
capables d'exécuter les plus grandes et les plus
belles choses.

Mais il ne s'est pas contenté de ramener la
paix et la liberté sur notre sol, livré si long-
temps au despotisme; il a voulu réconcilier
la France avec les peuples que de trop longues
divisions avoient aliénés d'elle, ét il est parvenu à former un pacte sacré.

Nous replaçant au rang des nations du premier ordre, il assure à nos relations avec elles,
tant que la justice et la raison présideront à
nos conseils, un nouveau droit public daté
du jour où *notre Roi* est rentré dans l'auguste
association des Souverains européens, et les
portes de tous les états se sont ouvertes dès ce
jour à notre industrie.

Et comme rien de ce qui peut l'accroître
n'échappe à l'œil vigilant de ce Monarque et
de ses ministres, il a su lier avec habileté les
intérêts des premiers capitalistes de l'Europe
à nos intérêts financiers, de manière que les
mouvemens de notre banque et de nos-fonds

ne peuvent plus être indifférens aux principaux cabinets, qui se trouvent, pour leur propre sûreté, forcés de désirer et de maintenir la solidité de notre crédit.

Ainsi, prévoyant législateur, fondateur de la liberté, pacificateur universel, il a relevé notre commerce abattu, en permettant à notre pavillon de flotter sur toutes les mers; et soutenant les uns par les autres, la politique, l'industrie, le commerce et les finances, il offre à nos yeux un spectacle qui ne les avoit plus frappés depuis la minorité de Louis XV (1).

Encore quelques années, et l'on verra que je n'exagère rien ici.

Quand notre dette sera payée, et le terme n'en est pas éloigné; quand l'esprit de faction sera entièrement éteint, quand les préventions auront fait place aux saines opérations du jugement, quand la bonne foi dirigera toutes les opinions, quand la vérité enfin ne sera plus méconnue, une seule voix oserait-elle s'élever pour contester les louanges que l'on donnera de toutes parts à Louis XVIII.

Quel avenir se présente! la masse d'impôts

---

(1) Le pacifique cardinal de Fleury étoit parvenu à faire oublier à l'Europe que Louis XIV avoit voulu la dominer.

qui pèse sur nous, allégée d'un quart seulement, l'agriculture n'auroit plus rien à envier à l'industrie manufacturière, et l'économie présidant à tout le système de notre administration, il resteroit encore entre les mains du gouvernement un immense numéraire libre et sans emploi dont il pourroit disposer en faveur des manufactures et des entreprises utiles de tous les genres. C'est alors que notre industrie, dirigée par de bons règlemens intérieurs, par une bonne législation, et d'adroites et franches négociations extérieures, prendroit un accroissement sans bornes.

Que les esprits trop disposés à porter leurs regards en arrière, à ne se souvenir que des maux dont nous sortons, sans goûter le bien dont nous jouissons déjà, sans prévoir le mieux qui se prépare, gardent donc un silence prudent, qu'ils attendent quelques années, et ils seront forcés de joindre leurs voix à un concert unanime de bénédictions.

RÉSUMÉ.

J'AI rempli, autant que je l'ai pu, le cadre que je m'étois proposé, sans avoir eu le dessein de lutter avec M. le comte Chaptal ; mais j'ai cru nécessaire d'ajouter à ce qu'il avoit écrit sur notre industrie, et de m'étendre sur quelques objets importans qu'il n'avoit pas jugé à propos de faire entrer dans le plan qu'il s'étoit formé.

J'ai dû me rencontrer avec lui dans quelques idées générales ; mais n'eussé-je excité l'attention de l'administration que sur deux ou trois points nouveaux et utiles, que je me féliciterais de lui avoir soumis mes idées.

Je crois être parvenu à démontrer quelles parties premières et fondamentales méritent des encouragemens spéciaux.

J'ai tenté de faire connoître par quels moyens l'administration publique pouvoit leur rendre la vie ; et comme on n'indique pas en vain à un gouvernement constamment occupé de notre bien-être, les voies à une amélioration dans tel genre que ce soit, peut-être, que saisissant mes vues et mes projets, du moins en partie, en les modifiant, en les rectifiant (car je les livre sans prétention et avec le seul désir de servir mon pays, il fera cesser les plaintes encore trop nombreuses de certains chefs de fabriques et d'ateliers sur le défaut de la matière vivifiante, le *combustible*, sans lequel il ne peut exister de vaste industrie.

Je n'ai pas laissé échapper cette occasion pour demander qu'on multipliât les communications intérieures en facilitant les mouvemens de nos canaux, en créant dans chaque ville centrale des entrepôts, des magasins publics où le consommateur pourroit trouver la réunion d'une multitude d'objets et de marchandises qu'il est forcé d'aller chercher au loin et à grands frais.

Cette dernière idée, que je crois nouvelle (1), pourra paroître un paradoxe d'économie administrative, et une innovation dangereuse

---

(1) Au moment où je livrois cette brochure à l'impression, les journaux m'ont appris que le ministre de l'intérieur venoit de nommer une commission composée des hommes les plus éclairés, pour examiner l'importante question des *entrepôts*. Tout me fait croire qu'il ne s'agit ici que des *entrepôts maritimes* et de ceux où les marchandises étrangères devront être reçues ; mais les besoins du négoce intérieur pouvant engager cette commission à étendre ses vues, je serois glorieux si elle daignoit s'occuper de ma proposition et donner son avis.

dans le train habituel du commerce. Je n'y tiens pas. Je ne fais que la livrer au jugement de tous, et particulièrement à celui des hommes les plus versés dans les connoissances de la marche du négoce intérieur, et je suis prêt à faire l'aveu que cette conception n'est qu'une erreur, si l'on m'en fait la démonstration.

Je n'ai pas négligé non plus de présenter quelques vues utiles à l'agriculture, parce que sans elle, tout ce que les bras peuvent créer dans nos ateliers n'auroit ni valeur comparative avec les produits industriels des pays étrangers où elle est spécialement protégée, ni moyens réels de se soutenir même dans le débit intérieur, malgré les nombreux dépôts que je voudrois voir établir pour l'assurer à jamais et le rendre de la plus grande et de la plus constante activité. Idée, au reste, je le répète, à laquelle je n'ai point la présomption d'attacher l'infaillibilité, et qui néanmoins me paroît susceptible d'attention sérieuse.

Mais si je consens à passer condamnation sur cette proposition neuve dans le système de l'administration commerciale, je ne serai pas aussi facile, relativement à celle d'un conseil près des ministres des affaires étrangères et de l'intérieur, pour la direction de nos envois à l'étranger.

C'est après d'assez longues méditations, c'est après avoir soumis ce projet à la critique et à l'approbation des hommes les plus instruits, que je me suis déterminé à le publier.

Je ne reviendrai point sur ce que j'ai dit à ce sujet, mais j'inviterai tout lecteur impartial à me répondre aux questions suivantes : Ne faut-il point au commerce un centre d'action ? ne lui faut-il point un fanal pour l'éclairer dans la route qu'il doit tenir ? Chaque négociant, chaque fabricant en particulier, s'il n'est point dirigé par un guide sûr, c'est-à-dire par les instructions de son gouvernement, s'il n'a pour se conduire que ses seules vues, ses vagues et incertaines spéculations, ne peut-il pas se fourvoyer, se perdre ? et de tous ces dommages partiels n'en résulteroit-il pas un tort immense et irréparable pour les finances de l'état ?

En Angleterre, l'amirauté et l'association du café de Lloyd ne manquent jamais d'informer le public des besoins, des demandes de toutes les contrées du double hémisphère. Elles indiquent que là il y a surabondance de marchandises de telle ou telle espèce ; qu'ici la disette se fait sentir ; et, formant ainsi un tableau journalier des chances du commerce, de ses bénéfices, de ses pertes, des avaries, des prohibitions , des encouragemens et des primes , l'amirauté et l'efficace réunion des premiers négocians de Londres , deviennent les régulateurs des opérations mercantiles grandes et petites qui ont lieu dans les trois royaumes , et dans les vastes colonies de la Grande-Bretagne.

Ce que fait cette double institution de nos voisins, le conseil que je propose le fera chez nous, et produira , j'ose le penser, les mêmes résultats en proportion des moyens, des ressources, des entreprises et du travail.

Que mes concitoyens me pardonnent les conseils que j'ai la témérité de leur donner sur la conduite à tenir dans les états qui nous invitent à leur porter le fruit de nos labeurs ; le patriotisme le plus pur, le seul intérêt du commerce et de l'industrie françoise ont guidé ma plume.

En encourageant nos négocians à se conformer partout où leurs affaires les appellent, aux usages, aux mœurs et même aux préjugés des peuples, je crois leur avoir donné un avis très-utile.

Il est rare que les nations accordent leur argent aux hommes qui viennent fronder ce qu'elles affectionnent ou ce qu'elles respectent.

Que nos marchands *exportateurs* ne soient donc, je le répète, que des commerçans, des facteurs, et non les missionnaires d'aucune doctrine.

Enfin il m'étoit difficile d'écrire sur le sujet que j'ai embrassé sans faire sentir tout l'avantage des traités politiques qui nous ont admis au partage des bénéfices les plus importans. Il m'étoit plus difficile encore de ne point payer au monarque, auteur de cette grande réconciliation, le tribut d'hommages et de reconnoissance que la France entière doit lui rendre, et de ne pas présumer de sa sagesse et de celle de ses ministres, l'adoption de tout ce qui peut augmenter nos richesses, notre bonheur et notre véritable gloire.

Sous ce dernier rapport personne ne sera en contradiction avec moi.

F I N.

www.ingramcontent.com/pod-product-compliance
Lightning Source LLC
Chambersburg PA
CBHW051718050726
47598CB00003B/955